DRAAK DRIES

Julia Donaldson

met illustraties van Axel Scheffler

vertaald door Bette Westera

GOTTMER
Haarlem

Elke dag gaf juffrouw Draak haar drakenklasje les.
Ook Dries ging graag naar school. Hij was de grootste van de zes.

Juf Draak gaf gouden sterren aan de beste van de klas
en elke keer opnieuw dacht Dries: Als ik dat toch eens was...

Groep een was: LEREN VLIEGEN. 'Toe maar, draakjes, vleugels wijd.
Niet bang zijn om te vallen. Rustig, Roenja, neem de tijd.

Vooruit maar, Vlerk, je kunt het! Goed zo, Grimzel, ga zo door.
Nee Dries, let even op, dan doe ik het nog één keer voor.'

Dries fladderde,
Dries duikelde.

Toen riep hij: 'Juffrouw, kijk,
ik kan het met mijn ogen dicht.'

Maar – boem! –
daar stond een eik.

Juf Draak had niets gezien, maar langs het pad liep Annelies.
Ze deed meteen een pleister op de zere neus van Dries.

'Bedankt,' zei Dries, 'je bent het liefste kind dat er bestaat.
Nu moet ik ervandoor, want anders wordt de juffrouw kwaad.'

Groep twee was: LEREN BRULLEN. 'Luider, draakjes, muilen open.
Een draak moet harder brullen dan een jachtluipaard kan lopen.
Goed zo, Vlerk. Uitstekend, Grimzel. Harder, Flanderien!
Nee Dries, dat lijkt nog nergens op. Ik wil je tanden zien!'

Dries brulde al zijn tanden bloot, maar ach, het hielp niet veel.

Er kwam alleen een krakerig geluidje uit zijn keel.

Juf Draak had niets gehoord, maar door het gras liep Annelies.
Ze had een pepermuntje voor de schorre keel van Dries.

'Bedankt,' zei Dries, 'je bent het liefste kind dat er bestaat.
Nu moet ik ervandoor, want anders wordt de juffrouw kwaad.'

Groep drie was: LEREN BRIESEN. 'Toe maar, draakjes, spuug maar vuur.
Fantastisch, Frats. Geweldig, Grimzel. Wat een avontuur!
Dat waren mooie vlammen, Vlerk. Iets heter, Flanderien.
Nee Dries, dat was alleen maar rook, de juf wil vlammen zien.'

Dries brieste als een dolle stier,

hij stampte in het zand,

er kwam een vlam en – woesj! –

zijn linkervleugel stond in brand.

Juf Draak had niets gezien, maar naast de poel stond Annelies.
Ze deed een koel verbandje om de vleugelpunt van Dries.

'Bedankt,' zei Dries, 'je bent het liefste kind dat er bestaat.
Nu moet ik ervandoor, want anders wordt de juffrouw kwaad.'

Groep vier was grote-drakenwerk: HET VANGEN VAN PRINSESSEN.
Dat was ontzettend moeilijk, dus dat waren zeven lessen.

'Vlug, Flanderien, daar gaat er een. Ja Roenja, goed gedaan!
Niet bang zijn, Dries, ze bijten niet. Vooruit, erachteraan.

Dries deed zijn best, maar ach,
er waren koningen met speren
en boze koninginnen en brutale
bruine beren.

‘Als dit zo doorgaat win ik nooit
een gouden ster,’ zei Dries.
‘Vang mij maar. Ik ben eigenlijk prinses,’
zei Annelies.

‘Prinses?’ riep Dries verbaasd.
En Annelies zei: ‘Inderdaad.
Dus neem me nu maar mee,
want anders wordt de juffrouw kwaad.’

'Ik wist het, Dries,' zei juffrouw Draak. 'Jij schopt het nog eens ver.
Je hebt er een gevangen, dus je krijgt een gouden ster.'

Dries was verguld. En Annelies?
Ook zij was in haar sas.

Ze zorgde voor de drakenklas alsof ze dokter was.

Groep vijf was:

LEREN VECHTEN TEGEN RIDDERS MET EEN ZWAARD.

Er kwam een echte ridder aan. Een ridder op een paard.

Hij zei: ‘Mijn naam is Joris.
Ik kom Annelies bevrijden.
Maar zeven draken vind ik iets te veel
om mee te strijden.’

Er klonk een boze brul en een verschrikkelijk gebries.
Er schoten hete vlammen uit de droge keel van Dries.

Hij riep: 'Ze is van mij, dus kom maar op, ik lust je rauw!'
De ridder stapte op hem af, maar Annelies riep gauw:

'Niet doen, er zijn al veel te veel gewonden overal
en niemand hoeft mij ergens van te redden, ben je mal!
Ik wil niet terug naar mijn paleis en mooie jurken dragen,
met lintjes en met strikjes en met kriebelige kragen.
Ik wil veel liever dokter zijn en mensen beter maken.'

'Ik ook,' zei ridder Joris. 'Ik heb weinig op met draken.
Ik wil graag dokter worden, net als jij, dat lijkt me fijn.
Wat denk je, kunnen jij en ik niet samen dokter zijn?'
'Natuurlijk,' lachte Annelies. 'Natuurlijk, uiteraard.
Twee dokters weten meer dan een. Maar past dat op jouw paard?'

'Ahum,' zei Dries verlegen. 'Ik kan vliegen, dus misschien dat jullie wel een snelle ambulance in mij zien?'

'Bravo!' riep juffrouw Draak. 'Dat is een schitterend idee. Draak Dries vliegt naar de zieken en de dokters vliegen mee.'

'En jullie, lieve draakjes, doen bij mij groep zes en zeven:
HET HOUDEN VAN EEN DIER. Les 1: het paard te eten geven.'

'Dag Dries, niet tegen bomen vliegen!' riepen alle draken.
'Dag Annelies, dag Joris, veel succes met beter maken!'

Voor Gabriel en Raphael

Andere boeken van Julia Donaldson en Axel Scheffler:

Stap maar op mijn bezemsteel
De rommelige reus
Hutje Mutje
De slak en de walvis
Het lievelingsboek van Simon Snoek
Een kleine vis in een zee van verhalen
Mannetje Tak
Kareltje Kat
De wegpiraat
Superworm
Stap maar op mijn bezemsteel – met geluidsknoppen
Trouwerij op de boerderij
Mijn mama heeft geen slurf

Kijk voor meer informatie over de kinder- en jeugdboeken
van de Gottmer Uitgevers Groep op **www.gottmer.nl**

De oorspronkelijke editie van dit boek verscheen bij Alison Green Books,
onderdeel van Scholastic Children's Books, Londen, onder de titel *Zog*

Uitgeverij J.H. Gottmer / H.J.W. Becht BV,
Postbus 317, 2000 AH Haarlem
(e-mail: post@gottmer.nl)
Uitgeverij J.H. Gottmer / H.J.W. Becht BV maakt deel uit
van de Gottmer Uitgevers Groep BV
Vertaling: Bette Westera
ISBN 978 90 257 4790 9 / NUR 273

Druk: 12 11 10 9 8 7
Jaar: 2020 2019 2018 2017 2016